中国文化知识读本

ZHONGGUO WENHUA ZHISHI DUBEN

德昂族

金开诚◎主编　李青华◎编著

吉林出版集团有限责任公司
吉林文史出版社

图书在版编目（CIP）数据

德昂族 / 李青华著. —长春 ：
吉林出版集团有限责任公司，2010.5
(2018.1重印) (中国文化知识读本)
ISBN 978-7-5463-2976-5

I. ①德… II. ①李… III. ①德昂族-民族文化-中国 IV. ①K286.4

中国版本图书馆CIP数据核字(2010)第086632号

德昂族

DEANGZU

主编/ 金开诚 编著/李青华
项目负责/崔博华 责任编辑/王明智 崔博华
责任校对/王非 装帧设计/曹恒
出版发行/吉林文史出版社 吉林出版集团有限责任公司
地址/长春市人民大街4646号 邮编/130021
电话/0431-86037503 传真/0431-86037589
印刷/北京龙跃印务有限公司
版次/ 2010年5月第1版 2018年1月第4次印刷
开本/640mm×920mm 1/16
印张/9 字数/30千
书号/ISBN 978-7-5463-2976-5
定价/34.80元

关于《中国文化知识读本》

文化是一种社会现象，是人类物质文明和精神文明有机融合的产物；同时又是一种历史现象，是社会的历史沉积。当今世界，随着经济全球化进程的加快，人们也越来越重视本民族的文化。我们只有加强对本民族文化的继承和创新，才能更好地弘扬民族精神，增强民族凝聚力。历史经验告诉我们，任何一个民族要想屹立于世界民族之林，必须具有自尊、自信、自强的民族意识。文化是维系一个民族生存和发展的强大动力。一个民族的存在依赖文化，文化的解体就是一个民族的消亡。

随着我国综合国力的日益强大，广大民众对重塑民族自尊心和自豪感的愿望日益迫切。作为民族大家庭中的一员，将源远流长、博大精深的中国文化继承并传播给广大群众，特别是青年一代，是我们出版人义不容辞的责任。

《中国文化知识读本》是由吉林出版集团有限责任公司和吉林文史出版社组织国内知名专家学者编写的一套旨在传播中华五千年优秀传统文化，提高全民文化修养的大型知识读本。该书在深入挖掘和整理中华优秀传统文化成果的同时，结合社会发展，注入了时代精神。书中优美生动的文字、简明通俗的语言、图文并茂的形式，把中国文化中的物态文化、制度文化、行为文化、精神文化等知识要点全面展示给读者。点点滴滴的文化知识仿佛颗颗繁星，组成了灿烂辉煌的中国文化的天穹。

希望本书能为弘扬中华五千年优秀传统文化、增强各民族团结、构建社会主义和谐社会尽一份绵薄之力，也坚信我们的中华民族一定能够早日实现伟大复兴！

【目录】

一　源远流长的民族历史

德昂族，旧称崩龙族，是中华五十六个民族大家庭中的一员，是一个具有悠久历史、光辉灿烂文化的民族。主要散居在云南省德宏傣族景颇族自治州的潞西县和临沧地区镇康县，还有一些分布在盈江、瑞丽、陇川、保山、梁河、龙陵、耿马等县，与傣族、景颇族、傈僳族、佤族、汉族等民族交错而居。德昂族以种茶制茶出名，因而被誉为“古老的茶农”。

德昂族与其他民族一样，都有自己美丽动人的神话传说，关于德昂族的起源就有一个非常美丽的传说。

传说在混沌初开时，还没有人类，在

德昂族人聚居地盈江县

美丽的德昂族村寨

天界里有一株茶树，它看到天空五彩斑斓非常漂亮，可是大地却一片荒芜，非常凄凉，于是就很伤感。它希望大地能够和天空一样美丽，就决定去装点荒芜的大地，这时智慧之神对它说："天下一片黑暗，并且到处都是苦难，下凡就要遭受无尽的苦难，永远都不能再回到天上了。"茶树回答说："只要大地长青，我愿把苦水喝尽。"于是，智慧之神就开始考验它，让狂风吹落了它的一百零二片叶子，摧毁它的树干。茶树叶随着狂风起了变化，变成了五十一个漂亮的姑娘和五十一个健壮的小伙子。这时，大地

德昂族人的家乡

已经被洪水淹没，一眼望不到边际。这一百零二个兄妹，经过长时间的磨难，并没有屈服和退缩，于是智慧之神施展神威，退去了洪水。这时大地显露出来，但是在大地上却有许多妖怪、瘟疫、恶魔瞪着凶恶的眼睛在看着这些兄妹，为了大地长久的安宁，兄妹们决定铲除恶魔，还大地以安宁。

这些兄妹们齐心协力、团结合作，打退了恶魔们一次又一次的进攻，终于获得了胜利。天空变得更加清明，大地变得更加祥和安宁，在庆祝胜利的过程中，五十个姑娘无意中卸去了腰箍，随着柔和的清风返回了天界。但是最聪明、最美丽的小妹妹仍系着腰箍，因为她正在和最小的兄弟倾诉着爱情，所以他们被留在了大地上。这对男女，就是德昂族的始祖。

这个传说反映了德昂族先民同大自然及黑暗的邪恶势力进行顽强斗争的民族精神，也把德昂族尚茶的习俗与民族的起源紧密联系了起来。

“德昂”是本民族的自称。“昂”本民族语言山岩、岩洞的意思，“德”为尊称的附加语。

德昂族与孟高棉语族的佤族、布朗族、克木人等同源于古代的百濮族群，是滇西南及中缅交界地区的土著居民。从历史记载来看，德昂族是古濮人的一支发展而来的。

我国史书多认为德昂族与佤族、布朗族等民族是汉晋时期云南濮人的后裔，唐宋时期被称为扑子、茫人，元明时期被称为金齿、蒲人。自清代起，史籍乾隆《东华录》，光绪《永昌府志》等书称他们为“崩龙”。说起濮人，在古代他们多居住在云南的西南部地区，即史书所说的古“哀牢国”旧地，是个“东西三千里，南北四千六百里”的广阔区域，包括现在的大理，保山、德宏、临沧，西双版纳

德昂族以种茶制茶而闻名

德昂族历史悠久，是个古老的民族

等地、州。濮人在古代是个人口众多的族群之一，也是较早开发云南西南部的古老民族之一。因此一些江河、物产的名称上都留有濮人的烙印，现在的元江，古称“濮水”；永昌郡内的大龙竹则称为“濮竹”，曾是古代濮人朝觐中原皇帝的贡品。从文献记载及其他民族的传说故事中，都反映了濮人是永昌郡内的古老民族。德昂族在历史上曾有过兴盛的时代，过去他们有很多支系，如汝旺、汝果、汝峨、汝进、汝本、汝波、汝别牙、汝买阿、汝昂、汝腊、汝王、汝科、汝别列、干得别列、

德昂族人很久以前就开始种植水稻

汝不峨、汝布冬、汝孟丁、汝孟得丁、汝格若等等。

历史上的德昂族曾在滇西一带以武力称雄，特别是在12—15世纪时，德昂族的先民建立了金齿国，更是称雄一方，后来逐渐走向衰落，以致在很长时期内只能靠租种别人的耕地维持生活。

在古代，德昂族的农业曾有过辉煌的时代，大约在汉晋时期德昂族先民就在德宏坝区或半山区开垦了许多水田，种植水稻。传说德昂族人还用过象耕，有铁锄和铁犁，可见犁耕种植稻谷的时

德昂族人善于耕种水田

间之早。后来德昂族被迫迁往山区后，又在山区开辟梯田种植水稻，并充分利用山区的特点，进行旱谷生产。德昂族的耕作技术普遍高于当地其他民族，尤其水田耕作的精细在德宏地区是首屈一指的。水田一般都是两犁两耙，薅一两次草。水田和园地上都使用肥料，这在当时滇西南各民族中是最先进的。由于耕作技术先进，产量也较高。德昂族还善于种植经济作物，茶、棉种植技术都较高，尤以善于种茶和好饮浓茶而闻名，被誉为“古老的茶农”。

二　个性鲜明的民间艺术

（一）德昂族的文学

德昂族的民间文学多种多样，是我国灿烂文化瑰宝中重要的一页。其文学主要是以民间文学为主，是一种自娱的文学。在民间，流传着许多神话、故事、传说、童话、史诗等。

在丰富多彩的德昂族民间文学中，神话和传说是比较古老的部分，数量也不少，其内容大致有两大类：一类是关于自然现象与民族来源。其中，关于德昂族的来源流传着两种不同的神话与传说。

一种说法是说德昂族是从葫芦里出来的。那时，所有的男子都是一样高，一个样子，没有任何差别。而女人呢，从葫

传说德昂族人是从葫芦里走出来的

云南德宏风光

芦里一出来就到处飞。后来，一位仙人把男人的容貌分别开来，还教男人把腰箍给女人套在身上，她们就不会飞了。男人和女人从此得以结合，开始了人类的生活。

另一种说法是，很久以前，大地上有一个大园子，园中有一座高山，山中有一个洞，洞中住着一个龙女。这龙女有一个习惯。每隔三年就要化为美人，走出洞来晒一次太阳。这一习惯被一个仙人的后裔知道了，他就乘她出来晒太阳的机会与她攀谈，于是龙女再也不想回到洞中了，就与他结为夫妻，生育了德昂族先民。

泼水节场景

第二类是关于本民族习俗的，如泼水节的由来。传说佛祖为了帮助德昂族人民的生产生活，从天上来到人间。为了不引起人们的注意，佛祖就变成了一个佛爷，深得人们的敬重和爱戴。因为他是智慧的化身，什么问题都解决得很好，于是，大家碰到什么事都来找他。佛祖逐渐感到，人间的事情太多太杂，但又舍不得离开人间。可是他回天宫的时间早到了，天神三番五次催他回去，而他既留恋德昂族人民，又不敢对抗天神，于是大病一场，卧床不起。百姓知道了，到四面八方找来名贵药材，敬献给他服用。一天，他的病突然恶化，男女老少都跑来问他有什么要求。他便告诉大家想人们按照他的相貌雕一尊木像，再为他洗个澡。于是百姓们就照着他的要求雕了一尊木像，谁知，百姓还没来得及为他洗澡，他就离开了人间。人们为了表示对他的怀念，为了实现他的遗嘱，百姓们照着奘房的式样，就地盖起了亭子，将木像置于亭中，给佛像泼了三天的水。自此以后，人们年年都要给佛像泼水，形成了传统的节日，德昂语叫“尚根”。

在德昂族的民间文学中还有许多有趣的民间故事。如关于生产劳动的故事、生活故事、动物故事等。

生活故事一般包含着深刻的哲理，

春猪食的德昂族人

云南德宏美景

反映了德昂人民的勤劳智慧。其中《金凤凰》比较著名。《金凤凰》以鲜明的主题，热情歌颂了两个穷孩子正直善良的高尚情操。故事讲的是有两个孤儿，专靠打柴卖工度日。一天，他们正在路边歇凉，忽然落下一只受伤的凤凰。紧接着传来一阵阵叫喊声，两人刚把凤凰藏好，就跑来了几个有钱人。弟兄俩觉得很奇怪，想问个明白。领头的有钱人轻蔑地说："我们射中的金凤凰全身都是宝，谁吃着它的头，不满三年就可当皇帝；谁吃着它的肝，吐的吐沫，三年之内都能变成金银珠宝；要是你俩得到它的羽毛，也不用再上山砍柴卖。"于是弟兄俩十分同情金凤凰。等那伙人走远后，慢慢地抱起凤凰，轻轻拔掉凤凰身上的箭，扯了一把草药，用嘴嚼烂后敷在它的身上。回到家里兄弟俩对金凤凰进行了精心的照料。整整六十五天过去了，凤凰的伤口痊愈了。一天夜里，两人悄悄商量着送凤凰回家的事。谁知，他们的话被凤凰听到了。它趁他们上山干活时悄悄飞走了，走时留下了一堆金银珠宝。但弟兄俩一点也不动心，于是决定背着金银珠宝分别沿着寨子外的两条小道去寻找凤凰，把财宝送还给它。最后两人历尽艰辛，战胜各种困难，终于找到了金凤凰，把财宝还给了它。这个故事寓意深刻，包含着很深的哲理，反映了德昂族人民温柔敦厚、临财不苟取的道德观念。

(二) 德昂族民歌

德昂族的民歌在庆贺丰收、过年过节、社交、赶集、串亲友或者在田野劳动时都可以唱。歌词几乎都是触景生情、随编随唱的。内容也相当广泛，古往今来、天上地下，以及自然界和人类社会生活中的各种事物、各种现象等等都可以唱。就其内容，大致有以下几种：

情歌

短小精悍，易于掌握。它可以抒发

德昂族的民歌在很多场合都可以唱

感情，但不一定是爱情，多用来表达问候、赞美之意。

劳动歌

这是进行某种劳动时，德昂族赞美劳动的歌。

仪式歌

德昂族每从事一项较大的活动，都要举行仪式。例如结婚仪式、盖房仪式、赶摆仪式、泼水仪式等等。《仪式歌》就是在这些特定的场合上唱的。

求婚歌

男青年去见心爱的姑娘时与姑娘相对唱的民歌。它用生动的语言、形象的比喻来倾诉彼此间的感情。如："这幢竹楼

求婚歌是男女抒发爱慕之情的歌曲

我从来没到过，楼上姑娘像鲜花一朵；这里的楼梯我第一次踩，漂亮的姑娘惹我喜爱。”“不嫌竹朽楼烂，阿哥就常来坐；不嫌叶枯花谢，阿哥就采这一朵”。

赞歌

德昂族人民对某一事物、事件或人物产生某种特殊的赞赏感情而唱的歌。如对家乡、生活、丰收的赞美，对好人好事、对伟大祖国的歌颂。

德昂族的民间歌曲，有山野间唱的歌、情歌、婚嫁歌等。

山野间唱的歌一般不在家里唱，多在田间劳动、山中砍柴、放牧时唱，内容较广泛，有见景生情的抒怀，也有男女

山歌多在田间劳动时歌唱

云南德宏景色

德昂族民居

德昂族青年用情歌表达思恋之情

青年的情歌对唱等。曲调类似汉族的山歌，节拍多为混合节拍，速度较自由。

情歌，德昂族各支系有不同称谓的曲调，如若静支的“若格木外”（意为对唱的话），来弄支的“色克”等，多用于表达爱情，有男女初见唱的赞美歌，相互问答的对答歌，表示思恋的想念歌等，也可唱其他内容。

婚嫁歌，德昂族各支系也有不同的称谓。若静支称“格坎”，意为“宝带”，象征男女永不分开。来弄支和若博支称“纯幸”，意为祝福的歌，内容是对新婚夫妻的祝愿，或嘱咐将要出嫁的女儿。来弄支的“纯幸”，旋律较为朴实；若博

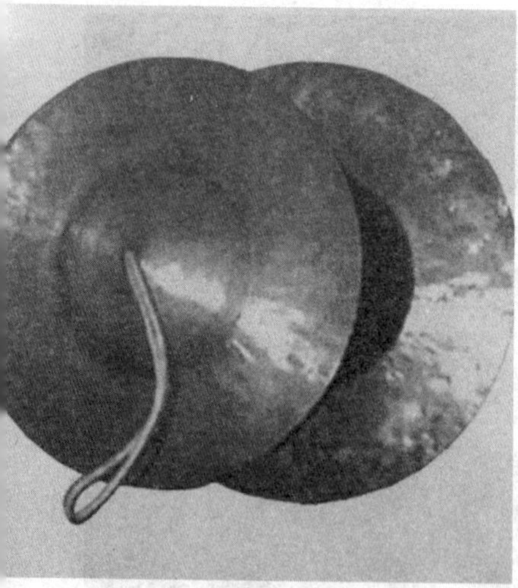

钹是德昂族的传统乐器

支的“纯幸”和若卖支的“苏动”的旋律则多装饰,并有轻柔的颤音。

此外，还有老年人求神赕佛对唱的“格厄不勒”(意为功德歌)，以及哄娃娃调等。

德昂族的上述歌种，在不同的支系之间,存在着多种情况。有些流传于某几个支系间不同名称的歌，实际上是同一曲调的变体;有些相似的歌调,在不同的支系中所唱的内容却不同;还有某些歌,只流传于个别支系中。歌词多数是五字体。歌曲的结构，有一个乐句的变化反复,有上下句结构,也有三个乐句或四个乐句为一段的。节奏一般较自由,常出现不规则的交错节拍。

(三) 德昂族民乐

德昂族的乐器主要有打击乐器和管弦乐器两类。打击乐器有象脚鼓、铓、钹、水鼓等。而水鼓(德昂族叫“格楞当”)则是德昂族独有的一种乐器。管弦乐器有葫芦笙、笛子、小三弦、口弦、箫、马头琴(有人根据其形状称之为“牛腿琴”)、口弦等。

“格楞当”

在潞江坝的德昂族中保存着一种水鼓,德昂语称之为“格楞当”,是一种古老

德昂族乐器格楞当

的乐器，水鼓是因使用时需注入一定的清水而得名，一般是用直径三十公分左右，长约七十公分的圆木挖空，两头蒙以牛皮制成。

赛鼓

是一种长仅七十公分左右，直径仅三十公分左右的小型鼓。赛鼓还有它自己的一段历史。那是好多年前，遮放土司为了表现在他统治下的升平盛世，要在民间举行庆祝，于是通告他所管辖下的村寨百姓，各制作一具最好的鼓，届时参加比赛，得胜者受奖。德昂族、傣族都用自己的鼓参加比赛，结果最受欢迎的是德昂族制作的鼓，由于它制作精良，声音清脆、响亮，博得了人们的赞誉。这具鼓被土司留作纪念，现在仍保留在遮放傣族群众家中。

玎胆

琴身长 57 厘米，多用整块刺桐制成。面板为松木薄板，中部开若干圆形音孔，背板呈弧形，类似侗族的牛腿琴。琴

象脚鼓

颈不设品位,张三根金属弦。演奏时,将琴置于两腿间,琴身向前倾斜,或将琴横抱胸前,左手扶琴颈,食指、中指、无名指、小指按弦,右手食指绑一骨片或小竹片为拨,在音孔下方弹奏中弦、外弦奏旋律,里弦弹和音。常用技法有:右手滚奏,左手食指空弦打音,小指勾弦,擞音等。玎胆常用于说唱伴奏或独奏,是傣族、德昂族小伙子“串姑娘”时常用的乐器。

象脚鼓

(四) 德昂族舞蹈

德昂族的舞蹈主要是集体舞的“跳摆”。男人空手比动作,女人空手或持毛巾而舞,善唱的歌手领唱,众人附和,不时把跳摆推向高潮。时间长短根据兴趣而定,重大节日会通宵达旦。

象脚鼓舞

德昂族的舞蹈,广为流传的是象脚鼓舞。由敲鼓,打着铓、钹的男子带头,其他男女老少跟在后面,按一定步法,手势绕圈而舞。也有男女分成两圈,男子组成外圈,女子组成内圈。由一戴草帽的男子带头击鼓,其他男子跟随,提起大裤脚,露出腿上所刺花纹,绕场欢舞。妇女组成的内圈,排头的女青年击铓锣,与击鼓男青年配合,跟随的妇女亦

象脚鼓

与男子并排而舞。

水鼓舞

水鼓舞是德昂族所独有的。其步法、形式基本与象鼓舞相同，击敲时把鼓绳挂在脖子上，水鼓抱在胸前，右手持鼓槌锤击大头鼓面，左手以手掌拍小头鼓面，两手相互配合，击出节奏。

竹竿舞

这是一种丧葬舞，只有年纪在七旬以上、德高望重的老人去世才能跳。舞者腰缠马串铃，用四根细竹竿、两根粗竹竿做道具，置于地上敲击而舞。竹竿象征马，敲击声为马蹄声。此舞蹈在众人守灵的三天之内进行，每天分早、中、晚三次。既用以颂扬死者生前功德，也用以表示让死者的亡魂骑上“马”去西天，不必步行，以免吃苦。

象脚鼓

佛鼓舞

佛鼓，意为“佛”之鼓，德昂语称“耿冷牙啪拉”，由佛爷（和尚）专门保管，并经佛爷批准才能使用。用佛鼓作伴奏乐器而跳的舞，叫“佛鼓舞”。

相传在佛教传入德昂地区并产生了自己的佛爷初期，类房里每举行一次大的活动，都得由佛爷走村串寨通知百姓，后来有一个叫帕煞达的大佛爷精心制作了一种声音洪亮的鼓（与象脚鼓类似）。每当类房举行某种仪式或活动，只要击鼓，百姓听到鼓声就能应声前来。这种鼓，人们后称之为佛鼓。平时都置于类房里，举行活动时才抬出来，用毕仍放回原处。

现盈江县弄璋乡南算寨，有一座古

德昂族人热爱音乐，热爱生活

老的佛寺，当地居住的傣族老人都称为“类庄崩龙”，意为“崩龙(德昂)佛寺”。寺中还保留有一个珍贵的牛皮大鼓，鼓身为一大圆木，掏空去皮，长 2.8 米，腰粗 4 米左右，鼓面大头直径 1.14 米，尾面直径 1 米，鼓身外用白皮裹着，用黑漆漆过；鼓两端蒙的牛皮原已不存，近些年，当地傣族群众又重新蒙上牛皮，并在做佛事时使用。据几位八十多岁傣族老妈妈说，鼓的内部原有增加音量的装置，敲时音量特别大，传播很远。敲多了能使正在孵化的母鸡孵不出小鸡来。佛鼓舞是在佛教节日或晋升佛爷或迎接外寺长老期间，在佛寺的广场上和“象脚鼓舞”

同时跳的，是男性集体舞蹈，舞者有敲佛鼓、击钹、敲铓共三人，在象脚鼓舞圈中表演，然而鼓点、动作与象脚鼓舞都不相同，象脚鼓舞气氛热烈欢快，佛鼓舞较严肃庄重。陇川县称佛鼓舞为抬鼓舞。以两男子用竹棍将鼓抬起，行走于舞队前列，一人双手各执一校敲击起舞。

佛鼓主要流传在德宏州及临沧地区镇康县的德昂族居住区。佛鼓舞以前只能在佛爷晋升或迎接外类房(缅寺)的佛等重大宗教节日时方可击鼓并表演，表演者限于男子，现在遇有重大节日，也可表演。

佛鼓舞主要流传在德宏地区

（五）德昂族的美术和雕刻

德昂族的美术有绘画、雕刻、剪纸、刺绣等。绘画有水粉画、水彩画、素描及工艺美术等。雕塑有泥塑、石雕、木浮雕、银雕、铝雕等。泥塑、石雕、木浮雕多见于缅寺的塔壁、门窗和各种鸟兽。见得最多的要数银项链、耳坠、手镯、银泡、银扣等银雕和腰箍。腰箍上双线条雕刻的海洋、鱼、花、草、动物等图案就足见民族工艺的特色。

德昂族造型艺术：经常出现在银制项圈、耳坠、银手镯、银烟盒等生活用品上。在这些物品上往往是要雕花嵌宝的，制作精细。木、石雕刻中常见的是释迦牟

德昂族民居

尼像和佛寺里的土、木浮雕。还有造型优美、釉质光泽好的各种陶罐，两侧制成双手捧合或刻有对称鸟图案的陶烟斗等。在这些领域里，德昂族都有自己的匠人和艺术人才。从艺术风格来看，多受汉族、傣族的影响，也受小乘佛教的影响。

德昂族刺绣

德昂族的刺绣也是很精细的。常见妇女们上装的下摆用各色丝线绣上花、草或几何图案。男青年喜欢在自己的筒帕上及包头两端钉上些各色绒球。妇女们的腰箍制作精细，在上面绕银线，有的则漆成红、黑色或浅黄色，依各人喜

德昂族民居

爱而定。有的在藤圈上刻花、草、动物等图案，这些都反映了德昂族造型艺术的独特风采。

德昂族竹编

德昂族成年男子一般都会编织，并有不少手艺很高的专门编织竹器的老人，能编织各种花纹精美的日常生活用具用品，有篾笆、谷箩、背箩、花篮、挂篮、篾桌、篾床、篾箱、簸箕、筷筒、刀壳以及渔笼等。

雕刻

腰箍、耳坠、银手镯等装饰品，以及银烟盒、衣服等生活用品上，都可以看到德昂族人民的图案雕刻，图案多是对称的双鸟、双虎、花草之类的东西。有的陶

竹编

德昂族善于用草药治病

烟斗、烟盒，不仅是质地优良的生活用具，而且也是有着较高艺术价值的工艺美术制品，此外，在德昂族建造的佛寺里，在挂枋、板壁上常雕有浮雕，从内容和风格看，它和大理、保山的雕刻基本一致，图案多为“二龙抢宝”（或称“二龙戏珠”）“双凤朝阳”“凤穿牡丹”“龙凤呈祥”之类，雕刻的技术水平并不亚于保山、大理等地。

（六）德昂族医学

德昂族的草医为了治疗病人，利用野生药材探寻草药配方，经长年累月的实践，积累了许多治疗疾病的经验。

德昂族草医在诊治病人时，采用感观和号脉方法来判定病人的病状。

德昂族民居

感观法

是由草医细看病人面部或皮肤是否发黄，是否有消瘦、全身无力、小便黄、肚痛、不思饮食等病证。

号脉法

由草医通过号脉，若病人体虚无力，脉搏不起，说明病症。之后，草医便采取给病人揉手和按摩脊背。

德昂族草医经过感观法和号脉法，还能诊断和治疗以下病状：刀伤、枪伤及酸痛等症、毒蛇咬伤、小便阻塞、身体虚弱、中毒、肺结核、肺气肿、肺炎、支气管炎、胃炎、胃溃疡、十二指肠溃疡、肺癌、肝癌等。

三 茶香竹茂并存的美景

德昂族人民好饮浓茶，并且善于种茶。几乎每家每户都栽种茶树，素有“古老的茶农”之称。

茶叶在德昂族生活中有着广泛的用途，德昂族人民对茶叶有着特殊的感情，他们日常的饮品离不开茶，尤其是成年男子和中老年妇女几乎一日不可无茶，而且好饮浓茶。在喝茶时，通常是将一大把茶叶放入一个小茶罐里加少许水煎煮，待茶呈深咖啡色时，将茶水倒在杯里饮用。由于这种茶非常浓酽，如果没有喝浓茶习惯的人，喝了会非常兴奋，夜晚会彻夜难眠。所以外来的人喝茶时要多加水。而德昂人因经常饮用，则非浓茶不

德昂族人喜欢喝浓茶

喝。如果茶瘾犯了，只要一日不喝，便会手脚酸软，四肢无力。相反，如果在劳累之时煮一罐浓茶，喝上几口，精神便会马上得到恢复。

茶，不仅是德昂人日常生活中的重要饮品，在办事情时也处处离不开茶叶。他们几乎时时、事事都离不开茶。如

茶是德昂族人的主要饮品

果有客人来到家里，主人必定要烧水泡茶，来招待客人。看望亲戚朋友，也要带一包茶叶作为见面的礼物。男青年托媒求亲时，也要带往女方家一包茶叶。如果遇到有喜庆事要邀请亲友光临，一小包扎有红十字线的茶叶便成了最好的待客之物。如果人们之间产生矛盾、发

生纠纷时，有过失的一方送一包茶叶给对方，那么就可以求得对方的谅解。可见，茶的作用是其他钱物无法替代的。

由于茶叶在德昂族人民的生活中占据着非常特殊的地位，有着重要的意义和作用，因此德昂人家家户户都习惯在房前屋后、村头寨边栽上一些茶树，晒干后备用。德昂族人民还自制一种湿茶，这种茶能祛暑清热，适合在气候炎热的时候饮用。他们自制的干茶和酸茶，在边疆市场上也有很好的销路。

德昂族人民居住的地方还盛产竹子。种类繁多，如龙竹、凤尾竹、京竹、毛竹、实心竹等等。特别是大龙竹，有的直

德昂族人居住的地方盛产竹子

茶香竹茂并存的美景

干栏式竹楼

径达八九寸，高数丈，干粗梢长。远在汉晋时期，德昂族的先民永昌濮人，就用它作为向中原皇朝进贡的土特产品，史书称它为“濮竹”。

在德昂族人民的日常生活中，从建造房屋、制作生产用具、生活用具等许多方面，都离不开竹子。最典型的是德昂族人民的住宅，干栏式竹楼。和南方许多民族一样，德昂族喜居干栏式竹楼。这种竹楼屋架为四贴三隔的木柱穿斗而成，其他部分，如椽子、楼板、晒台、围壁、门、楼梯等均用竹子为原料，房顶则覆盖茅草而成。

德昂族的竹楼多依山而建，坐西向东。主要有正方形和长方形两种形制。比较典型而普遍的是以德宏地区为代表的一户一院式的正方形竹楼。这种竹楼分主楼和附房两部分。主楼呈正方形，中间为走道，走道两侧，多以竹篱笆墙隔成三间，右侧住人，靠前门一间为客厅，系家长所居，并可招待宾客，置一火塘，可用来烧茶水。中间为主妇卧室，设有火塘，专做煮饭之用。紧靠小门走道两侧作为女儿或儿媳所居。靠左侧一两间空房作为堆放谷物或放置生产、生活工具的地方。竹楼的正门一边搭有晒台，用以晾衣

德昂族民居

服和晒谷物。屋顶是用山茅草编成的草排覆盖。屋脊有草制的装饰物，类似内地寺庙屋脊上的“宝鼎”“鳌鱼”等，风格独特。附房多建在主楼的一侧，用作堆放柴草及安置舂米的脚碓。这种竹楼外形别致、美观大方，据说与古代中原地区儒生的巾帽很相像。对于它的来源，德昂族民间还流传着一个动人的故事：据说诸葛亮当年率兵南征，来到德昂山寨。有一天突然遭到袭击，受伤遇险，幸而得到勇敢、善良的德昂族姑娘阿诺相救，才得以化险为夷，转危为安。在短暂的接触中，二人产生了感情。当时诸葛亮重任在肩，不得不辞别心上人，于是

房顶覆盖茅草的德昂族民居

便将自己的帽子留给阿诺作为信物。痴情的阿诺苦盼十八年，等来的却是心上人的死讯。从此，心碎肠断的阿诺不吃不睡，每天呆立村头。到第三十三天，突然雷电交加，大雨倾盆。雨过天晴之后，阿诺不见了。而她站立的地方却出现了同诸葛亮的帽子一模一样的房子，这就是德昂人后来居住的竹楼。

有关德昂族的竹楼与古代中原地区儒生的巾帽相像，还有一个传说，也是与诸葛亮有关。德昂族群众说他们的房屋是按孔明帽子式样建成的，传说诸葛亮发兵南征，七擒孟获，平定了孟获的反叛，各族人民和睦相处，过上安宁幸福的日子。这时有个头人产生了坏的念头，他在诸葛亮驻军的雷弄寨放起火，顿时浓烟滚滚，使诸葛亮迷失方向，头人则乘机进攻，诸葛亮又被绊马索绊倒，跌到凹子里，幸遇德昂人把跌得昏

楼板、晒台、楼梯等均用木材为原料的德昂族民居

竹编器具

迷不醒的诸葛亮搭救了，当诸葛亮清醒过来时，为了答谢德昂族人，便把自己的帽子脱下留作纪念。后来，就出现了与诸葛亮帽子相仿的竹楼。因此老人们传说，德昂族的房子是诸葛亮的帽子变的。

对于竹子，德昂族人民还有许多用法。如日常生活中用的锄柄、扁担、谷箩、鱼笼等，都是用竹子做成的。家庭生活中储水、储存干燥食物的竹筒就是由龙竹做成的；吃饭用的篾桌也是用竹篾编成的；竹筷、竹饭盒、竹凳及洗脸的用具都是以竹子为材料。在野外如遇口渴想喝茶时，可以砍一段竹子，注入清水，加入茶叶，放在火上煮开即可饮用。如果在野外没有炊具，也可以砍一段竹子，把米放进去，加入适量的水在火上烧烤，煮出来的米饭清香可口，十分诱人。鲜嫩的竹笋，更是德昂族人民喜爱的食品，也可以把它加工成干笋丝、玉兰片或腌制成酸笋。

总之，竹子对于德昂族人民来说是非常重要的，因为它的用途实在是太广泛了。所以，德昂族人民都要在自己的住宅周围及寨子附近栽上许多竹子，因此，当人们走进竹林茂盛的德昂山寨时，会给人们一种竹茂茶香的清新之感。

四　独具特色的民族风俗

德昂族泼水节多在公历四月中旬左右举行

(一) 节日

泼水节

德昂族的泼水节多在公历四月中旬左右举行，一般三至五天。关于泼水节，有一个美丽的传说，据说古时候天上的仙女，非常羡慕人间的美景，于是就悄悄地飞到人间。在一次洗澡中不慎被人们发现，仙女们含羞披衣飞回天庭，临别时告诉德昂族先民，在每年清明节后给佛洗身，它们就会降福给人间，从此，德昂族每年都要举行泼水节以祈求幸福。

将要临近节日时，德昂族人民便忙着制新衣，做糍粑，制好水龙、水桶等泼水工具。老年信徒们则齐集佛寺，搭建泼水节时为释迦牟尼雕像洗尘的小屋和水龙。节日清晨，人们身着盛装，前往佛寺供佛，听佛念经。并在佛寺周围堆沙造塔，然后把佛像抬到洗尘小屋中，为佛举行洗尘仪式。信徒们将最清洁的水倒入水龙中，水由龙口流出，顺龙口与小屋间的竹水槽流向佛像，洒遍佛像全身。然后，由德高望重的长者手持鲜花，蘸水轻轻地洒向周围的人群，向大家祝福，祝贺新年的开始。这时，人们用铜钵、脸盆等装水，涌出大街小巷，逢人便泼。民间认为这是吉祥的水、祝福的水，可以消除病灾，所以人们尽情地泼，无论泼者还是被

泼水节上的人群

泼者，虽然从头湿到脚，但心里却是异常兴奋的。一朵朵水花在人群中盛开，在阳光的照耀下，形成了一道道彩虹，到处都充满着德昂人的欢声笑语。

在家中，晚辈要为长辈洗手、洗脚。当一盆温暖的水端到长者面前时，幼辈要先向长者合掌叩头，口中喃喃自语，说明一年来自己在某几件事上有违背长者教诲的地方，或在某些方面有对长者不尊的地方，望长辈指教原谅。长辈也说出自己有时对晚辈发了脾气，在某些事情上没有起到表率作用，但愿今后共同搞好团结，和和气气地相处，然后，幼辈用水为长者洗手洗脚。

德昂族男青年用送竹篮的方式表达对姑娘的倾心

泼水节既是德昂族人民欢度新年的典礼，又是男女青年谈情说爱，寻找心上人的好时机。节日之前，小伙子都躲到僻静的地方，要悄悄地编织几个漂亮的竹篮子，在节日的前三天将篮子分别送给自己所中意的姑娘。最漂亮的那只，要送给自己最喜爱的姑娘，以此表达自己的爱意。因此，这时每个姑娘往往都能收到好几个竹篮，但是姑娘钟情于谁？就要看泼水节那天姑娘背的是谁送她的那只竹篮了。到了这一天，每一个姑娘们都背上了一个精致美观的竹篮，但这个竹篮是谁编的呢？这下可忙坏了小伙子们，他

充满欢声笑语的泼水节场面

们睁圆双眼，紧盯着姑娘们身上的竹篮，仔细辨认着姑娘所背竹篮是否是自己送的那只。泼水节一开始，情人们便尽情地泼水、嬉戏、打闹，来表达他们内心的欢快和激动的心情。

进洼节

德昂语即关门节。每年傣历九月十五日举行，为期三个月。这个季节是生产大忙的季节，过关门节意在要求青年男女停止欢聚和谈情说爱，以便集中精力进行生产劳动。十四日清晨，姑娘们要挑干净的水到佛寺沐浴，半夜开始进洼。仪式以当夜佛寺击鼓为号，听到鼓声，老人将香烛、谷子、花生等供品用纸包好送往寺中的佛座后面。十五日，举行隆重的赕佛仪式。从此日开始，每七天就要小赕一次，第八天家家到寺院供祭饭菜，听佛爷念经，祈祷佛爷保佑人们有吃有穿，平平安安。进洼节期间，禁止嫁娶，不许谈情说爱。“进洼”时还要唱一种叫做“别杆朵”的歌曲，歌词是陈述德昂族的历史渊源及祈求粮食丰收等。

出洼节

德昂语即开门节，每年傣历十二月十五日，即进洼节的最后一天举行，为期三天。这个时侯，农忙已过，出洼节的含义就是结束禁忌。这天要举行隆重的宗

农忙过后，德昂族人要过出洼节

出洼节这一天佛寺要烧白柴，点长明灯

教仪式。人们要把进洼时送到佛座后面的东西取出来烧掉，表示佛已出洼。十六日举行佛爷出洼仪式，所有的未婚少女都要进佛寺拜佛，以感激开禁之恩。十七日举行盛大的赕佛仪式。早饭后，青年男女纷纷集中，由佛爷出来施经布道。之后，男女老幼欢声笑语、纵情欢乐。

烧白柴

这一天，全寨信徒前往寺院听经，佛寺点长明灯，寺外堆白柴，点火焚之。烧白柴这天，各家要杀鸡备酒，全寨共聚一餐，各家还要制作各式糯米糕点，用芭蕉叶包好，蒸熟并随身携带相互赠送，相互品尝各家的风味，新婚夫妻要带上加糖的年糕到本寨头人和长辈家中告拜。烧白柴以示给佛取暖，故寺院佛爷这天晚上也要到火堆旁为大家施经布道，大家边烤火，边随佛爷念经，以祈求生活安宁。

“做摆”

是德昂族人赕佛活动之一。“做摆”日期是根据村寨是否具有财物条件来决定举行的。日期不定，数年举行一次，每次 3—5 天。由村寨头人、家族长共同推选出“做摆”的承头人。承头人选出之后，便着手筹集资金，并到寺院拜赕佛，敬献贡品等。“做摆”之意是祈一村寨和家中

德昂族佛寺

德昂族民居

大家围坐在火堆旁，边烤火边念经

西双版纳风光

谷魂节是德昂族传统的祭祀节日

傣历三月十五日是德昂族的宗教节日

人平安生活、消祛灾难。由佛爷念《长拉尼亚经》，以求大家有吃有穿，年年富有。

谷魂节

别称祭谷魂、祭谷娘，节期为播种、薅草、收割的三个季节，是德昂族传统祭祀节日。流行于云南省西双版纳等地德昂族群众中。德昂族认为谷魂附在谷种上，所以，农村按村寨为单位举行祭谷魂仪式。

祭幡杆

每年傣历三月十五日（约为农历腊月中旬）举行，是德昂族宗教节日。流行于云南省思茅、澜沧地区部分德昂族群众中。所谓“幡杆”，是指村寨中的一棵大树及周围的几棵小树。德昂族过去信仰原始宗教，崇拜自然，认为万物有灵，所以把奉为“神树”的大树及周围几棵小树，当作幡杆来祭祀，并倍加保护，认为此举可保全寨平安幸福。

祭天

农历每年七月择日举行，是德昂族祭祀节日。流行于云南省西双版纳等地德昂族群众中。德昂族传说：远古时代，世上只有天王地母二人，他们感到很寂寞孤单。有年七月，狂风吹来一百片树叶，天王自言自语地说：“这些树叶要是都能变人，那该多好。”没想到，他话音刚

德昂族每年七月份都要祭天

落，一百片树叶就变成了五十对青年男女，个个有说有笑，活蹦乱跳，非常热闹。天王地母便教他们安家种植，他们便成了德昂族的先祖，一直生活在云南山区。所以，今天的德昂的每年七月要祭天。

德昂族还有祭家堂、寨神、地神、龙、谷娘等祭祀习俗，其中以祭龙最富情趣。一般选在春季，届时要杀猪、杀鸡，由祭司画纸龙，众人叩拜，然后一起饮酒野餐，醉酒后相互打骂，发泄平时相互之间的不满。此间不许别人劝阻，直到双方斗得筋疲力尽时为止，第二天再相互道歉。

出洼节这天要举行隆重的宗教仪式

德昂族人擅长茶叶种植，被称为最古老的茶农

(二) 食俗

德昂族主要从事农业，种植水稻、玉米、荞子、薯类等，擅长种茶。

德昂族绝大多数时候以大米为主食，部分地区杂以包谷和薯类。均以蒸焖而食，擅长制作各种粮食制品，如豌豆粉、豆腐、米粉、年糕、粑粑、汤圆等。

德昂族饮食比较讲究，用料较为广泛。擅长煮、炖、拌、舂等技法，口味酸辣中带甜。蔬菜种类繁多，竹笋是四季不断的蔬菜之一，除鲜吃外，还可加工成酸笋或干笋食用。

其他蔬菜的食用，都习惯于在煮炖时配酸笋。酸笋用途十分广泛，即使在炖鸡、炒肉或烹鱼时都要加酸笋调味。受当地汉族的影响许多汉族风味的腌菜，腐乳也是德昂族餐桌上常放的小菜。主要特色菜有：凉拌番木瓜、凉拌挑手鱼、竹筒捣菜、脆皮冬瓜、勒浪、姜叶炖鱼等。饮酒则多是自家酿制的竹筒米酒。

德昂族种茶历史悠久，茶在德昂族民间不仅是常备的饮料，也是馈赠亲友的最好礼品。德昂族也饮酸茶，又称湿茶，古称谷茶或沽茶。味酸涩，能生津解渴，并有解暑清热、消食的作用。

酸豆豉

把黄豆洗净煮熟，装于竹箩内，四周以笋叶壳密封，待发酵四至五天后即可取出，放些盐、辣椒面为佐料，再用木碓舂之，揉成豆饼，晒干后，可以用油煎或烧食下饭。

德昂族人的饮食受到汉族的影响，也食用腐乳等腌菜

酸扒菜

酸扒菜

制法是把青菜洗干净，放于锅中煮，加入酸笋和肉、油或豆豉，待煮扒时佐餐，其味略酸且带点回甜。吃时，以烧辣子为佐料，可当酸醋食用。

腌帕冬菜

帕冬菜亦称“鸡爪菜”，腌帕冬菜多在春季，当帕冬树刚抽嫩芽时摘取，稍加晒晾脱水后，用清水洗净，晾干，腌于土罐中密封，将罐放在火塘边烘烤三日即可食用。

酸腌菜

青菜洗净，晒干，再洗一次；放适量盐泡于土罐中，浸泡两至三天即可取食，名为水腌菜。如果要腌干酸菜，将菜洗净后，晒干，切碎，撒以花椒粉、辣椒粉、盐、酒等佐料，反复揉透，放于土罐中，不加水，将罐口密封，可贮藏数月，吃时随时取出。

酸水

将酸木瓜切成细丝，泡于盐水中，称为酸水。吃时，以烧辣椒为佐料，可当酸醋食用。

酸笋

将竹笋切成细丝，泡于盐水罐中，四至五天即可食用，也拌肉类炒食或煮汤。

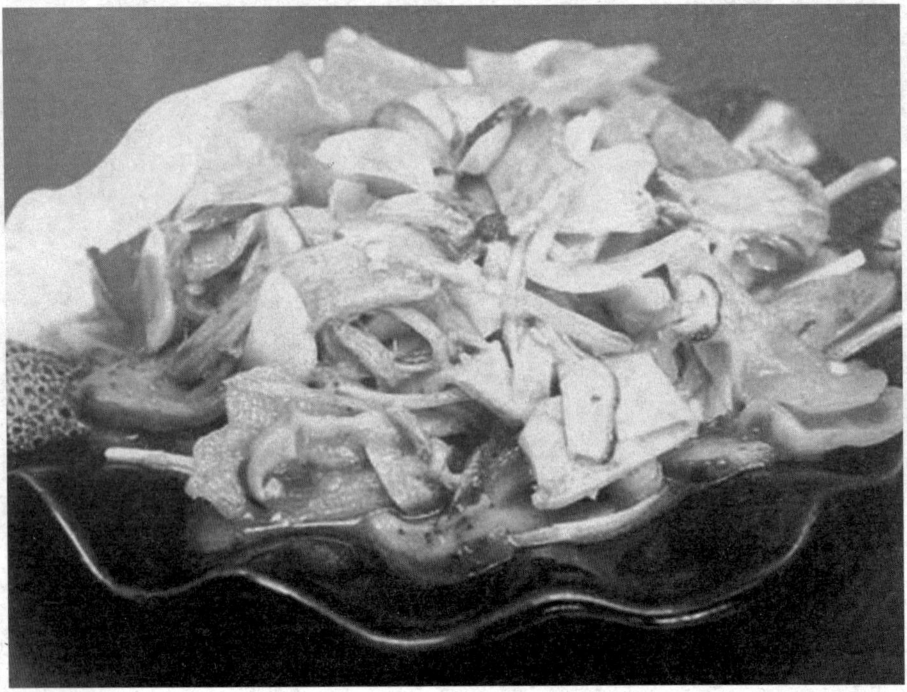

美味的酸腌菜

酸干菜

把青菜洗净，放铁锅中煮七成熟，取出晒干，次日即可煮食，其味略酸而带回甜，是德昂人喜食之菜。

节日、祭祀、礼仪食俗：德昂族大部分信奉小乘佛教，在绝大多数的村寨里都有自己的佛寺和供奉的佛爷，并有小和尚。所有小和尚的斋饭由全寨人轮流布施。在部分德昂族中，过去一直有见杀不吃、闻声不吃的习惯。德昂族民间传统节日大都与佛教活动有关。如：泼水节、关门节、开门节、烧白柴等节日，都要敬佛。在开门节时有寺庙的村寨要进行“格听祭”(庆祝丰收，喜尝新米之意)，要从傣历十二月十三日开始准备，有舂新米、煮新饭、做年糕等活动，并要拿出两块年糕送入本寨的公房(即专供全寨祭祀用的房屋)，次日全寨开祭，要由本寨里的能工巧匠用竹篾做成小房(傣语称格听)，内装年糕，由众人抬着小竹房到寺庙朝拜。每逢节日，相互宴请成俗，不论酒席宴上菜肴多少，均要有一碗用新鲜蔬菜白煮的素菜，食用时蘸辣椒水吃，别具风味。

在德昂族男女青年的订婚仪式上要斩鸡头，如果鸡头与鸡身分为两半，双方对于婚事就不能再反悔；如果女方

德昂族的订婚仪式上要斩鸡头

德昂族民居

不赞同这门亲事，就不许杀鸡。举行婚礼通常要进行三天，三天之内全寨男女老幼要到新郎、新娘家里贺喜，由新郎、新娘的双方家长宴请，并伴以对歌，彻夜不眠。

(三) 敬老习俗

德昂族讲道德、重礼貌、热情好客，有着尊重长者的传统美德。在家庭内，长

亲戚们要无偿为不能劳动的孤寡老人下种和收割

辈抚育晚辈、晚辈尊重长辈是习以为常的，对其他的老人也同样尊重。若是在路上遇到老人，让路时，年轻人或晚辈要给长辈让路。逢年过节，年轻人要把家里最丰美的饭菜送一份给村里的高寿老人，以表敬意；对于村里丧失劳动能力的孤寡老人，亲戚们要无代价替他下种和收割。

在云南省镇康县崩龙大寨和南伞的白岩一带的德昂族，至今流传着一种尊敬老人的传统习俗——贡饭。贡饭，德昂语叫“喽蚌”，一般在农历清明节后十天的傣历泼水节期间举行。其具体过程是：每当节日到来之前，各户家长就要提醒主妇，多做一份上等饭菜，向寨中老者贡饭。节日这天，在全家老小高高兴兴围吃团圆饭之前，主妇便将这些上好的饭菜，每样舀一份，放在竹制的食品器里，由小姑娘或小媳妇，约上全寨参加贡饭的青年，一齐到寨中最年长的老人家里，去给老人贡饭。

贡饭

贡饭不仅送饭菜，条件好的还可以送点心、糖果

接受贡品的老人，得知青年前来，除病残者外，都必须到竹楼门外的阳台上热情迎接。来贡饭的青年们也要按次序排队，逐个将贡品双手恭给老人，同时要说些祝福健康长寿的话，说罢即下跪叩头。此刻，老人则以虔诚的态度，把叩头的年轻人扶起，并向来贡的年轻人送上祝福，以表谢意。贡饭，按各户经济条件而行，不一定全送食品。经济条件好的人家，除饭菜外，还可以送糖果、点心之类，有的还送毛巾、套头、衣服等贡品。有时一个节日就有近百人来给长者送贡品，实在是一种尊老的好传统。

德昂族人尊老爱幼，助人为乐

生活在云南潞西县三台山区的德昂族，古往今来，他们一直遵循着尊老爱幼、敬贤帮贫、舍己为人的传统美德。此外，他们还把说丑话、脏话、骂架、说谎视为是不道德、不礼貌的表现。为了表彰尚美和惩处不礼貌、不道德的行为，他们创造了一种"尚美标"，作为惩丑扬美的标志。

"尚美标"分为两类。第一类称干木。干木是一种野生的红花果，是人人爱吃的食物。人们平时采摘来干木果，用藤条穿系成项链。当你认为他做了好事，或他的言行令你尊敬，就把一串项链赠给他，挂在他的脖子上，以此表彰对方。第二类称干卡，是一种藤条腰箍，多用红色漆饰各种花纹，古朴而别致。也是表彰美者的一种标志。若你看谁佩戴的干木、干卡最多，那他(她)准是个心灵、语言、行为均美的人。

为了让那些不讲文明、没有礼貌的人，转变成尚美的人，过去德昂族有一种传统的“惩丑”习俗：说一次脏话、丑话者，罚种竹三蓬；再犯者，惩种竹十蓬；第三次重犯者，可就要当众“讲理”了。若做了损人利己的事，要处以为受害者家挑水十天的惩罚；发生吵架行为，双方均将受到清理寨中公共饮水泉的处分。

在德昂族中，没有“尚美标”的青年，是很难找到恋人的。

德昂族还比较重视相互之间的关系，不愿互相发生纠纷。过去，常出现一幢竹楼里住着几户经济独立的小家庭，他们可以是亲兄弟姐妹的家庭、也可以是非亲非故、性格相投的好友。由于父系大家庭公社生活瓦解历史不长，所以

红花果

德昂族民居

有若干个小家庭同住一幢大屋的习俗。在德昂人的意识里至今还保留着一种观念，那就是互相帮助、和睦相处，这也是每个德昂人十分珍视的，现在，这种传统的道德观念仍然保留着。进入德昂山寨，德昂人就会邀请你到家里坐坐。德昂人不愿意打架斗殴，更不愿伤害别人，谁家有喜事，全村人共同祝贺；谁家遇到丧事，大家共同帮忙；哪家建盖房屋，大家共同出力。

(四) 家庭生活

德昂族的家庭,具有父系大家庭到小家庭过渡的特征。父亲是一家之长,主持家庭事务,妇女处于从属地位。这里的小家庭是社会经济生活的基本单位,多为父母、夫妇、子女 3 代,一般是长子结婚后,即在老家周围选择一块适当的地方另建新居,建立小家庭。另立门户的长子、次子,家长会根据家庭的经济情况,给它们一部分猪、牛等财产作为生产生活的本钱,没有平均分配家产的习惯,主要依靠小家庭去独立经营。幼子则要留守老家,赡养父母,继承财产。

德昂人从事生产劳动的分工比较

德昂族民居

细而且明确。有“男不栽秧，女不犁田”“男不点种，女不犁地”的说法。男女老少分工相对固定。老人一般照料家务，编制竹器，农忙时到田边地头帮助做些基本劳动；男劳力主要是建伙房，歇山、开荒、犁地等；女劳力主要是点种、薅草、背水、背柴、洗衣、做饭、舂碓、养殖禽畜、采茶等；小孩主要是放牲口、帮助大人做些轻活。在一个大家庭中，组织领导权往往掌握在老一辈男成员手中，祖父辈是领导权的核心，长兄运筹总管生产、生活，弟弟分管生产、保管、支出及交换。旱地开垦和种植一般远离寨子，需吃住在深山，十天半月甚至两三个月才能回家一次，煮饭和养殖家禽等由家庭老弱者和妇女承担。家庭内务由家长之妻负责，但有的大家庭会把那些有管理家庭才能，或为家长信任的妇女留在家中，专门为大家庭从事纺织，成为脱离农业生产，长期从事家庭手工业的技术能手。其次，在大家庭成员中，也有从事其他手艺的能手。如银制品的制作，犁、耙制作等，收入归大家庭所有。从大家庭中独立出来的小家庭，虽然经济上已经独立，但并非另建宅立户，仍然是三五户、七八户共居一幢大竹楼，维系

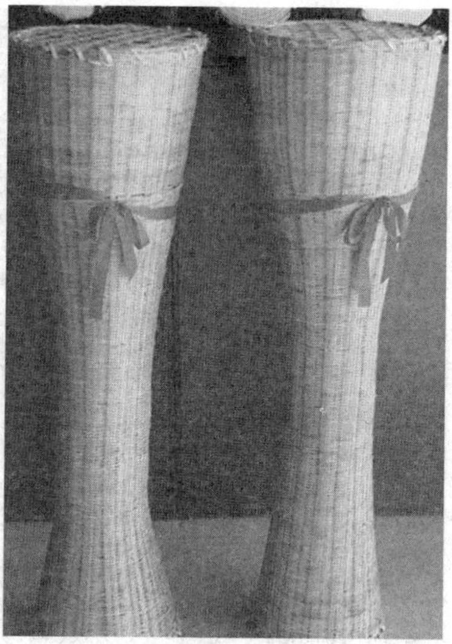

竹编工艺品

德昂族干栏式建筑

着相互间的互助协作。

(五)禁忌

德昂族有着很多关于自己民族的禁忌，客人一般只能从正门的楼梯上下竹楼,禁止跨过火塘横穿通道,禁止从正门进后门出,这会认为是欺负主人。德昂族家中专门设置一个尊台，德昂语叫“床上”,只能是有地位的男主人和尊贵的客人才能坐,女人不得坐尊台。尊台西方墙壁上设佛龛和祖宗牌位，佛龛和祖宗牌位禁止外人触摸和挂放东西。客人不能坐客厅内家长的卧具。屋内不能随地吐痰,柴火只能是根朝前尖朝后的顺着烧,不能倒着烧；不能用脚踩火塘里的柴火；不能坐在门槛上；产妇不得串门；外村、外族人不得骑着马从寨子里面过路，骑马过寨子时要下马。

新婚夫妇从过礼开始到拜堂结束，不能穿绿色衣服；迎亲队伍中不能有怀孕的人参加；念经拜堂的安章不能是无妻子的人；一天内有两对新郎、新娘结婚不能同走一条路，如果实在没法而走同一条路，那就要在第一对新郎、新娘过去后，第二对新郎、新娘必须派人将路扫了以后才能通过；迎亲途中不能踩到新娘的脚后跟；新郎、新娘拜堂成亲

德昂族婚俗规定两对新人不能走同一条路

德昂族人忌讳在婚宴上打碎碗

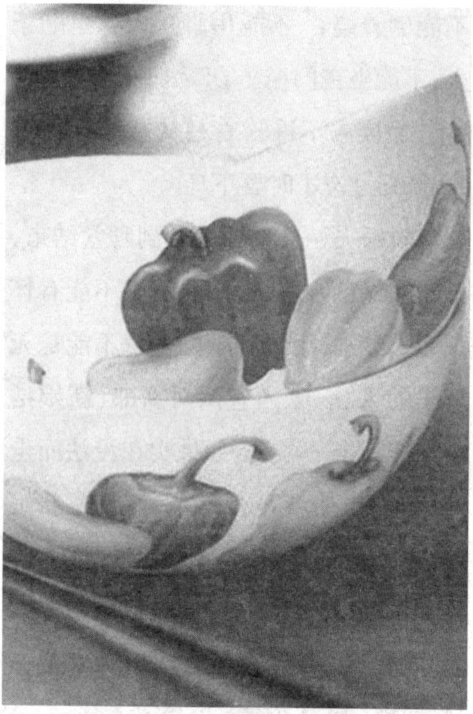

榕树

美丽的云南风光

时，不能让人从新郎、新娘的中间穿过；婚宴上不能把碗打破；婚礼开始，寺院里的佛爷、和尚不能到婚礼场所来，不能敲象脚鼓；日食和月食的日子不能提亲和办婚事。禁止砍伐树木；禁止妇女攀爬寨中神树、榕树和磕头祭祀过的树木，也禁止在其周围大小便。

公共墓地平日不允许进入并触动墓地之物；不管谁家的亲人死了，都不得随便安葬；不得堆坟；不得立碑；坟地里的树木禁伐和不能用来建房屋。在关门节和开门节期间，不能谈情说爱；禁止直呼老人和长辈的名字。按照佛教“不杀生”“众生平等”等理念，要求僧侣、信徒严格遵守十戒：不杀生、不偷

竹林

盗、不淫邪、不说谎、不记前仇、不酗酒、过午不食、不观听歌舞、不戴花抹香水、不坐高处、不积蓄金银财宝。过去还有“见杀不吃，闻声不吃”的习俗。

腰箍不得挂在墙上，更不得挂在高处；男人忌讳摸女子裙子、腰箍。开过花的竹子一般不用来建房和制作家具，不能拿回到家中用；樱桃树也不能用来建房；虫子喜欢吃的树也不用来建筑房屋。

五 独具色彩的德昂服饰

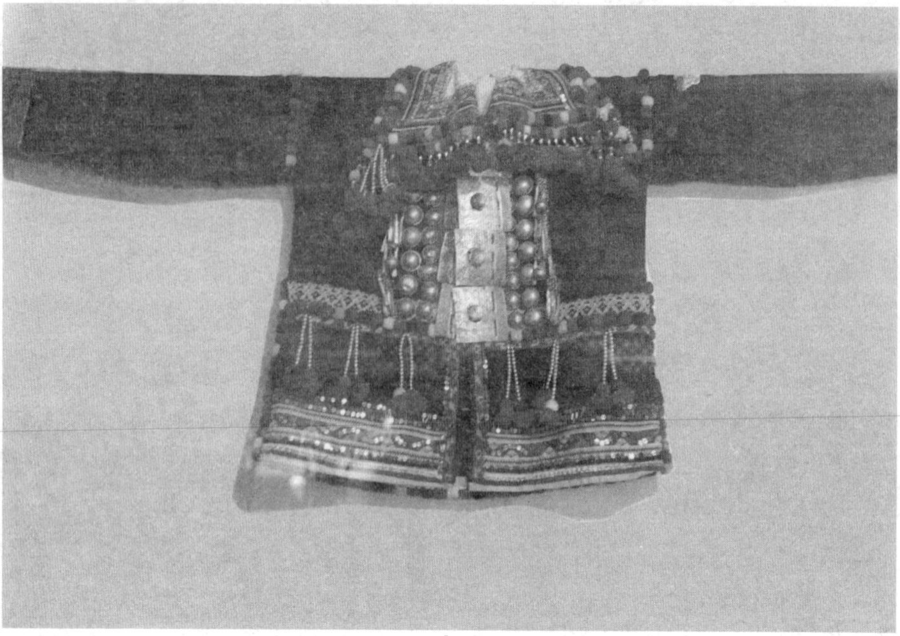

德昂族女上衣

德昂族的服饰，具有浓厚的民族特色。男子多穿蓝、黑色大襟上衣和宽而短的裤子，裹黑、白布头巾，头巾的两端饰以彩色绒球。妇女多穿藏青色或黑色的对襟短上衣和长裙，用黑布包头，上衣襟边镶两道红布条，用四五对大方块银牌为纽扣，长裙上织有彩色的横条纹。青年人不论男女均喜欢佩戴银项圈、耳筒、耳坠等首饰。由于各支系服饰的差异，过去曾有“红德昂”“花德昂”“黑德昂”之俗称。

德昂族妇女的彩色横条纹裙子醒目而别致。关于这三种筒裙花色的来历，德昂族民间流传着这样的传说：远古时候，

德昂族妇女多穿藏青色或黑色的对襟短上衣和长裙

德昂族杀牛祭祀，三个姐妹帮忙按住牛，受伤的牛在地上挣扎，牛尾上沾染的血甩在她们的裙子上。后来，他们便各自按照裙上血渍的位置和颜色深浅织制了新筒裙，从此流传至今。还传说，姐妹们在吃牛肉的时候，因为不小心牛血滴落在胸前，将衣襟染红。所以，德昂族妇女胸前都缝有两条红布，这就是牛血染红衣裳的标记。不同支系的妇女，多用裙边横织的线条颜色加以区别。“花崩龙筒裙”(德昂旧称崩龙)，下边镶有四条白带，带之中有十六余厘米宽的红布相饰。“红崩龙筒裙”，横织着显著的红色线条。“黑崩龙筒裙”，上织几条深红色布带，其间衬夹着几条小白带。

腰箍，可以说是德昂族的象征，是其他民族没有的，人们一看到腰箍，不会想到其他民族，就会想到德昂族。在青色的紧身短衣和黑色筒裙中间，系着红黑白等色腰箍，一般的系十来根，多的达三十根，重大节日还要加上银腰箍。腰箍多半

德昂族服饰

用藤篾做成，有的前半节是藤篾，后半节是螺旋形的银丝，行走起来，腰箍随着双脚的移动而伸缩弹动。在德昂人看来，腰箍是美的标志，聚居区的德昂妇女若不系腰箍，就要被取笑。唐代史书早已记载着德昂族的先民——茫人部落以“藤篾腰箍”为饰，这一装束，历经宋、元、明、清

一千余年，一直流传到现在，德昂族的姑娘成年后，在裙子的腰部佩戴上五六圈或十余圈，甚至二三十圈藤篾制的腰箍。

这些腰箍，宽窄粗细不一，多漆成红、黑、黄、绿、诸石等色，有的上面刻着各种花纹图案，有的还包上银或铝皮，在阳光照射下闪闪发光。德昂人认为姑娘身上佩戴的腰箍越多，做得越精致，越说明这个姑娘勤劳、聪明、有智慧，也表明这个姑娘心灵的美好。因此，在女青年社交期间，小伙子为了获得姑娘的芳心，往往费尽心思，精心制作有动植物图案和花纹的“藤篾腰箍”，送给心爱

德昂族服饰

独具色彩的德昂服饰

的姑娘佩带。于是“藤篾腰箍”又成为德昂族青年男女爱情的信物。成年妇女也都佩带腰箍并以多为荣。

德昂族人民也很喜欢银饰，青年不论男女都喜欢戴银项圈、银耳筒、耳坠等。此外，在德昂族的装饰品中，五色绒球尤为引人注目。妇女们在缝制新衣时，要在下半部用红、黄、绿等色的小绒球镶上一周长方形的空格，中间再绣上些花。不论是妇女或男子的包头，两端也都钉上一些绒球，青年男女的耳坠上也饰以绒球，挂包的四周用小绒球装饰。更为显眼的是，青年小伙子胸前挂上一串五色绒球，而姑娘们则装饰在衣领之外，犹如

德昂族女服

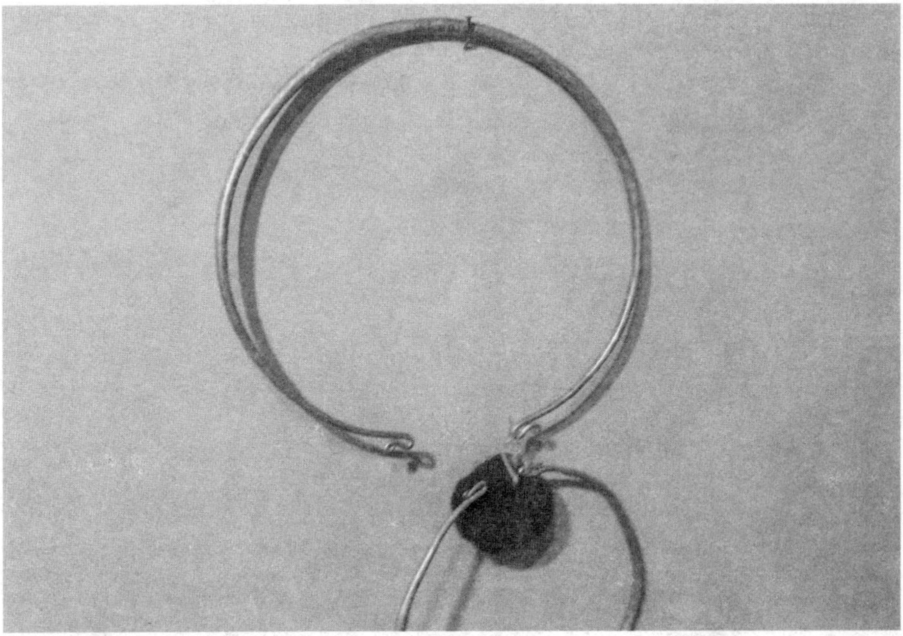

德昂族项圈

数十朵鲜花开放在他们的胸前和项颈间，鲜艳夺目。

与其他民族所不同的是：德昂族男女都戴大耳坠、银项圈，尤其是女子更为突出，他们用大方块银牌作钮扣，胸前挂满银牌和银泡，再用许多红色小绒球作装饰。

德昂族的头饰和五色绒球饰是其服饰中最具特色的部分。各地区、各支系的德昂族男子头饰大同小异，均留短发，通常缠两端饰以各色绒线球的黑色或白色布包头。他们认为缠戴包头是成年男子庄严而神圣的事情，所以在传统婚礼上要举行隆重的取戴包头仪式。仪

德昂族新娘项链

式一般在婚礼的第三天举行，届时，一对新人在歌手们的簇拥下，返回新娘家领取包头，到新娘家大门口时，男媒人拿出洁白的包头，放在祭盘上，然后唱起悦耳的“对歌调”：“新郎咋个不露头，莫非是看不起我们的破竹楼？嫌我们织不起花枕头？”歌手对答道：“新郎不露头，是他怕害羞。只要把洁白的包头交到手，他一定拿它紧紧裹着头。哪个敢抢它，就尝到长刀的锋刃……”伴着歌声，新娘在媒婆的陪同下向父母、亲属、宾客等敬拜、赠物。赠礼仪式进行到尾声时，由新娘家一位长者，把包头缠系在新郎头上，以此来祝贺新婚夫妇和睦相处、万事顺心。

各地德昂族妇女的头饰略有不同。过去妇女剃光头，裹黑布包头，有的已婚妇女留长发。但现在许多姑娘都蓄发裹两端坠有彩色绒球的布包头，有的也用白色羊肚毛巾包头。德宏地区的妇女剃光额前头发，脑后留长发，梳成大辫，包黑蓝色镶有花边的布包头，将大发辫由脑后缠于包头之上。有的地区妇女蓄长发，梳发辫盘绕于头顶。各地妇女都喜欢戴大银耳坠、耳筒和银项圈。青年女子的耳坠大多用石竹制作，外裹一层薄银皮，银皮上箍着八道马尾，前端还镶有小镜片，在阳光的照射下，不时闪着耀眼的光芒。有的地区的德昂族姑娘脖子上套着十几个粗细不等的银项圈。老年妇女多带雕刻精致，并涂有黑、红漆的竹管耳饰，显示出德昂族妇女的粗犷之美。

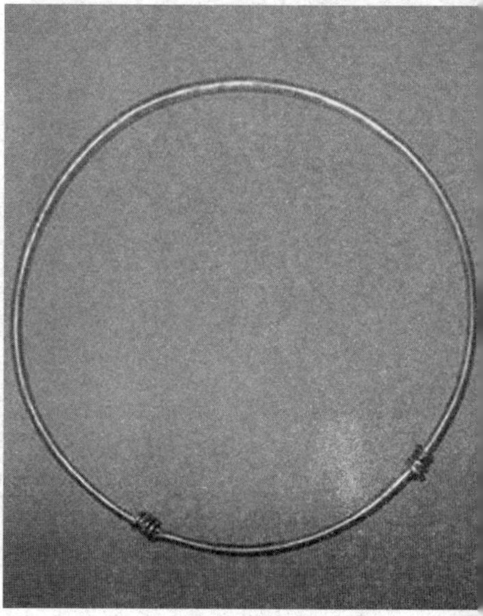

德昂族妇女喜爱佩戴银饰品

六 富有特色的婚丧习俗

德昂族实行恋爱和婚姻自由

(一)婚俗

德昂族的婚姻是一夫一妻制，同姓不准结婚，很少和外族通婚。男女青年恋爱自由，女子在选择对象上有一定自主权。本民族内部没有严格的等级婚，只要对方愿意，贫富人家可以联姻。德昂族青年男女的恋爱和婚姻自由，父母和长辈一般不干涉，也不受等级地位的限制。青年男女到了婚恋年龄，都要参加族内的婚恋组织，由这个组织带领大家进行本村或外村的一些重大社交活动，如喜庆活动、节日活动、聚会和娱乐活动等。这些活动为青年男女提供了极佳的相识、恋爱的机会和场所。

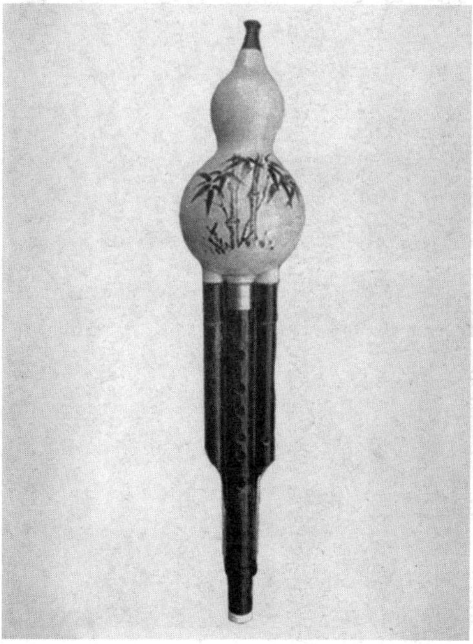

葫芦箫

德昂族男子长大成人后，在公共场合看中了某位姑娘，就找机会上前搭话，在谈话中巧妙地了解姑娘的姓名、家住何处。当黑夜降临时，小伙子来到姑娘家竹楼后门，吹响葫芦箫。姑娘躲在楼里偷偷往外看，如果看到的不是她喜欢的人，就不出来开门。小伙子吹了一阵不见姑娘动静，就知趣地走了。如果是姑娘喜欢的人，姑娘会很快打开门，请小伙子到屋内火塘边坐下。小伙子坐在火塘右方，姑娘则坐在男青年后边，并保持一定距离，彼此谈笑、对歌到鸡鸣，小伙子唱："这地方我从没有来到过，这儿的姑娘像鲜花朵朵；秀丽的土

娱乐活动为青年男女提供了相识、恋爱的机会和场所

德昂族青年男女往往以对唱山歌的形式谈情说爱

地我第一次来，漂亮的阿妹惹人喜爱。姑娘的美名日日夜夜赞不尽，就像粮仓的米粒数不清；阿妹的容貌阿哥我夸不完，好似玉石金沙随着水流淌。”姑娘唱："若是不嫌箭儿钝，合意的山歌唱起来；若是不嫌花儿贱，快快朝妹靠拢来；靠拢来，妹劝阿哥莫轻率，哥是青树妹是草，青树成材能擎天，草儿再旺怎成材？靠拢来，莫轻率，哥是黄金妹是柴，黄金时时逗人爱，柴禾只能变火焰，劝哥多思量！莫轻率，路要走错能转回，人要选错泪难揩！”

小伙子通过接触，认真地考虑姑娘的劝告，确定姑娘就是他要追求的人，便

德昂族男女的婚恋自由浪漫

继续到姑娘家“串”。通过多次的“串”，小伙子觉得是时候了，就送给姑娘手镯、项圈，姑娘收下，就意味着他俩的恋爱关系确定。

过了几天，姑娘把亲手织的“伙森”，用红、黑棉线织成长五尺、宽三尺、两头有线球装饰的棉毯——披在小伙子的身上，暗示小伙子可以来提亲了。小伙子的父母一发现自己的儿子有了伙森，立刻问清情况，请媒人去说亲。说亲那天，女方家也请一个媒人作陪。男方家的媒人送给女方父母一台芭蕉、一包茶叶、两条干咸鱼，作为开门礼。女方的父母同意后，男方家要把同样的礼物送给姑娘。上述礼物还要送给女方村寨的族长、长者，作为取得族长、长者同意的礼物。求婚要连续进行三个晚上，简单但又重复的送礼仪式到第四天晚上结束，这才正式定下了婚。

德昂族青年男女的恋爱有两个显著的特点：一是以集体的形式进行，往往是一群男子与一群女子约会，互相物色对象；或是几个小伙子相约同时去看一个姑娘。二是谈情说爱的活动，往往在女方家进行。青年男女的爱情加深后，双方会互赠礼物。之后，男女双方就可以禀告父母，请求父母为他们举行订婚仪式了。

德昂族青年男女结婚前，要先举行

云南风光

认亲仪式。届时，男方的舅父、叔伯、哥姐等陪同男青年到女方家，用带去的酒肉糖茶等热情宴请女方家，并分别赠送礼品给女方家庭成员。认亲过后，女方就请人选定吉利的日子作为婚期，然后再通知男方家。男方将彩礼于结婚的头一天送达女方家。订婚时，举行一种叫吃茶的仪式，这种仪式于晚上在女方家举行。然后男方按照议定准备聘礼，办完了聘礼，方可迎娶新娘。

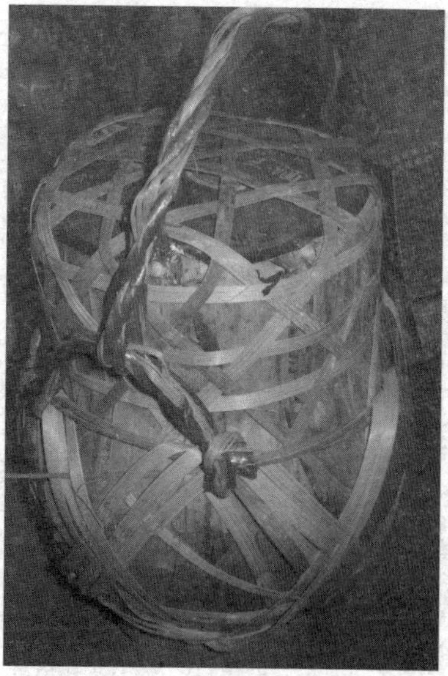

主人要拿出米酒来招待客人

德昂族在举行婚礼的三天内，全村寨的人们都要到新郎新娘家做客。新郎新娘的亲戚朋友和小伙伴们都会来帮助料理结婚的有关事务，男女两方家里都忙忙碌碌、喜气洋洋。头天晚上，男女双方家里宾客盈门，一派热烈的节日景象。主人拿出香醇的米酒，请宾客开怀畅饮，新郎则跟在后面，给每一桌客人磕头作揖，并接受宾客的祝贺。当天晚上，新郎新娘分别在各自的家里挎着筒帕，里面装着草烟、芦子、沙基和石灰盒，把同村寨的姑娘、小伙子请到客房里，请他们抽草烟、嚼槟榔。姑娘和小伙子在一起笑啊，闹啊！同时还对唱德昂族民歌。

按照德昂族的习俗，迎亲和送亲都

德昂族是一个具有悠久历史和灿烂文化的民族

要在夜间进行。到晚上十一点左右，新郎和小伙子们在歌手的引导下，前往女方家迎亲。来到女方家大门外，迎亲者们停下，歌手唱起了欢乐调，意即通知女方家迎亲的队伍到了。女方家早有准备，听到歌声后，女方媒人取出一贡盘，里面装着各种礼物、花束和剪纸，让新娘向家人、宾客逐一告别和敬拜。家人和宾客也对新娘嘱咐再三，并送礼品给新娘。这时候，新娘会忍不住离别的伤感，一边敬拜，一边哭出声来。新娘梳妆打扮完毕离开娘家时，由舅母、姐妹及本寨未婚青年送行，并将女方家长陪嫁的衣服、锄头、镰刀等嫁妆，以及女方赠给男方父母的衣服等带往男方家。

德昂族火塘

半夜前后，新娘来到男方家中，在登梯上竹楼时，双脚一定要踩在专门置于楼梯脚下的石块上，表示他们的婚姻像磐石一样坚固长久。新媳妇上楼时，婆婆要给她洒谷花，撒花仪式结束，新娘步上晒台，跟在婆婆后面进入新房。男方事先请好的“安章”(还俗的佛爷)，随即在火塘边为他们主持婚礼，安章念《拜堂经》祈求佛祖赐给这对新人幸福，并祝新婚夫妇百头偕老。婚礼完毕，开始宴客，同时新娘分别拜见男方长辈亲

婚礼当天晚上男女青年要挤到新娘家的厢房对歌

戚，赠送礼物，长者受拜后还礼。晚上，村寨里男女青年挤到新娘家的厢房对歌，唱调子，往往要唱到鸡鸣方散。这样，婚礼才告结束。

（二）丧葬习俗

德昂族葬式以土葬为主，也实行火葬。

德昂族大多实行土葬。棺木有汉式

木棺、大树凿空的槽棺，或用竹篾编织的竹棺等。停尸不逾三日，要请佛爷诵经；若系凶死或孕妇难产而死者，则火化，再将遗骸洗净，置于瓮中埋葬。

德昂族的丧葬有自己的习俗，除佛爷、和尚和非正常死亡的人实行火葬外，一般群众都是土葬。各村有公共墓地，只要是同一村的正常死亡者均可葬入。没有姓氏界限，也不分头人与百姓，坟地必须在不高于寨子的西下方。

按德昂族的习惯，人将死时要把事前准备好的一点银器放入口中。人一旦断气，其家属即在门外对空鸣放三枪，向亲戚朋友和邻居报丧。近亲、家族、村寨邻居闻迅后，亲友们各自带些米和菜、肉之类纷纷奔赴死者家中帮助料理丧事，妇女们帮着背水、煮饭，男人们则忙着给死者准备棺木。棺木一般根据死者家属的经济情况决定，经济状况好一点的，就请汉族或本民族的木工师傅做一具汉族式的棺木，经济条件差一点的人家，则由亲友帮助砍一株大树，取下根部一段，将其破成大、小两半，中间抠空，制成简单的棺木。还有一种更简单的就是砍几株大龙竹，剖成竹片编一具竹棺材。

“做摆”之意是祈一村寨和家人平安生活、消祛灾难

德昂族有着独特的丧葬习俗

在准备棺木的同时，一部分人便用蒿子水洗涤尸体，穿上衣服，然后入棺。入棺后即请佛爷或安章择吉日安葬，停尸家中一般不超过三日，在这期间每日须请佛爷或安章念经超度，祷祝死者可以进入西方极乐世界。出殡时，棺材小头朝前，大头朝后(即死人的脚朝前，头朝后)，意思是要亡魂向前走，不能倒回来，送葬队伍从寨子出发直到山上的公共墓地，一路上连续不断的鸣枪，意思是通知土地神，有亡者来了。

埋葬完毕，由长者念祷词，长者念完祷词之后，各人拿一枝蒿子拂身，表示扫除身上的邪气，就可转身回寨子，返回时不能转头向后看。葬后七日，死者家属再请佛爷或安章念一次经，他们认为这样可以超度死者及早转世投生。

但是对暴死、凶死、孕妇难产死亡，德昂人认为是恶魔缠身，需实行火葬。火化后，留下的骨头用清水洗净放入土罐，葬于公墓以外的特定地方，既不超度，也不垒坟，更不献坟。

为什么德昂族人崇拜佛爷，不认祖坟？相传很早以前，德昂族的山寨有一个大头人叫腊有，他的老婆叫哈木。夫妇俩到 40 岁时才得了个儿子，取名阿托。阿

德昂族民居

托长到十岁，不幸得了疟疾，不久就死了。老两口哭得死去活来，最后请木工修了一幢阳光晒不到、雨水淋不着的大房子，把阿托的尸体放进去，每天派长工送三顿饭去。三年后一天晚上，长工照样送饭去，谁知遇上大雨，山洪暴涨，

关于对佛爷的崇拜有一个古老的传说

正在这时，长工看见释迦牟尼的三个弟子传教路过这里，长工便将手中的肉和饭虔诚地献给了佛爷。这天晚上，腊有夫妇同时做了一个相同的梦，梦见儿子对他们说："我走了三年，直到今天晚上才吃到家里送的饭。"腊有夫妇大吃一惊，他们把长工叫来询问："昨晚的饭送给了谁？"长工如实说："送给三个佛爷吃了。"腊有夫妇感慨地说："哦，看来献坟不如献佛！"从此，崩龙族中死了人，埋葬以后，再也不认坟，不献坟，只到奘房里献佛。

七 虔诚的小乘佛教信徒

在很长一段时间里，小乘佛教一直是德昂族的全民信仰

在宗教信仰上，因受傣族影响，小乘佛教在德昂族中得到普遍流传，并掺杂着浓郁的原始自然宗教色彩。

小乘佛教传入德昂地区的年代不详，在解放前的很长一段时期里，小乘佛教一直是德昂族的全民信仰。德昂族人民崇佛极为虔诚，而且佛教的宗教意识对德昂族的影响也是根深蒂固的。在他们的观念中，人死后其灵魂还存在，并根据死者生前的善恶功过来判定灵魂的去向：善者升入天堂；恶者留在人间变为鬼魂，甚至被打入地狱受惩罚。德昂语把天堂称为“勐亮”，人间称为“勐陆依”，地狱称为“勐戛林”。

天堂居住着天神“困土戛”，为男性，随时俯视着人间的善恶，主宰着人们的命运。另还有“困散罗”，为“困土戛”的副手；司命为“赵独罗尼巴”，男性，掌管人类的繁殖增长；司报称“楠叔特利”，是老妇人，在冥冥中监视民间善良歹恶以上报天庭。

地狱由老妇人“禁牙拉”掌管，并有八口锅，锅内盛满沸腾的铁水，它们是用以炼人和惩罚有罪灵魂的。据说，原来人们的脸形都是一样的，有人犯了淫乱之后，很难辨认，故而天神“困土戛”特命设

德昂族人崇佛极为虔诚

八口锅于地狱以炼人，使人脸互不相同，容易辨别谁在犯罪。

德昂族大部分人信奉小乘佛教，德昂族人们的日常生活与佛教有密切关

德昂族信奉佛教，一般男孩儿十岁就入寺为僧

系。一般男孩儿到 10 岁便要入寺为僧，学习佛经，除少数人升为佛爷外，大多数人几年后便可还俗。

德昂族人民的一生与佛教有密切的关系，小孩出生取名后，要请佛爷登记在卡片上，遇上生病需请佛爷重新取名。平时，人们生了病，要向佛爷祈求，请佛爷念经。佛爷因掌握一些知识，被认为是受过戒的佛门弟子，是有教养、有学识的人。在群众中有很高威望，社会地位也很高，节日念经，受信徒顶礼膜拜。当过几年和尚（佛爷）还俗的人，因有一定文化和宗教知识，在社会上也受人尊重，不去当和尚则没有地位，甚至被认为是不开

菩提寺

化的人。因此，男孩到十岁左右，父母便把他送进佛寺当预备和尚，让他熟悉寺里的戒律和仪礼，经过三个月左右的训练，到开门节时，住持和尚要举行接纳佛门弟子的仪式，届时，送孩子当和尚的人家，要给孩子穿盛装，戴上桂冠，画上眉须，并由家长背往佛寺，或骑马送往佛寺，青年人击鼓敲铓相送。

到佛寺后，首先要剃去头发和眉毛，然后举行入寺仪式，佛爷授给袈裟，接纳为佛门弟子。新接纳的小和尚，在佛爷（和尚）率领下，每天向佛像膜拜，给他们传授教规戒律和学习佛经等。小和尚大多经过几年学习后即还俗，仅有

释迦牟尼像

少数能晋升为佛爷，长期为僧。除寺庙的和尚外，每村寨的信徒中都有专门从事祭献的人物——祭司，镇康、耿马地区称之为“达来”，德宏地区称之为“先生”，是从笃信佛教的长辈老人中选出。祭司都是当过和尚还俗的人，他们有占卜、择吉日、诵经的本领，因此在一些宗教节日或群众举行祭祀时，都由他们出面组织和念经。德昂人信仰小乘佛教，自称“上座部”，属佛教南传派系。他们把释迦牟尼(乔达摩·悉达多)视为唯一教主，佛龛上不管有多少尊雕塑佛像，也不论多大多小，全是一个模样，即释迦牟尼形象，其他佛像一概不供。德昂族都信奉小乘佛教，但不同支系也有区别。“汝买”信仰“润”教派，信徒家里可以喂猪、养鸡，允许青年杀生；而“别列”“梁”这两个支系则信仰“左底”和“多列”教派，教规特别严格，严禁教徒杀生。

德昂族除了信奉小乘佛教外，还崇拜自然，相信鬼神。如保山县大中寨的德昂族就崇拜山神、蛇神、鬼树、地鬼、龙王等多种神灵，每年还举行各种宗教祭祀活动。

“做大贡”

是德昂族最为隆重的宗教祭祀。“做

德昂族民居

大贡”的目的是祈求一个村寨或一个地区的居民清洁平安，消灾祸及驱除邪恶。举行这祭祀耗费较大，多为数年举行一次，祭祀的日期也不固定，一般选在阴历的二三月份，因为这段是农闲时间。做贡

对寨神的祭祀多在大树下进行

期间，周围信徒不分民族都来参加，有的要走两三天路程赶来，节日气氛浓厚，十分热闹。对于来客，主办村社要热情接待，提供吃住等。做贡期间，佛爷举行宗教仪式，宣讲四十多卷经书，佛爷讲经时，虔诚的老年信徒都要去听。

祭寨神

寨神一般是先择村寨中间或附近的一棵大树，在每年春节祭祀这一天，全村男女老少停止生产，不出远门，有的地区在祭祀前大人、小孩必须沐浴，祭祀时，各户将准备祭献用的糯米饼摆到神树前，由村寨长老祈祷，然后各户家长将上年的旧矛取出换上新的，顺神

正在准备午饭的德昂族人

树干周围立起，并用绳捆住，防止倒掉，这是团结一致、保护寨神、保卫村寨不受侵犯的象征。在祭祀过程中，青年们敲铓锣，击象脚鼓，使祭祀增添欢乐的气氛。仪式结束，安长（长老）把各家献出的糯米饼分给参加祭祀的人享用。祭祀时还要派出一些人守寨门，防止外村或外民族的人在当天闯入寨子。他们认为，在祭礼这天有外人闯入会给村子带来不幸。

祭谷娘

大米是德昂人的主要食物，因此他们对如何得到充足的稻谷是十分关心的，但由于粮食生产受自然条件的影响较大，基本上是靠天吃饭，风调雨顺就增产，遇灾害就歉收。因为人力难以与天时抗衡，所以德昂族人民把获得丰盛稻谷的愿望寄托在一个女性保护神——谷娘身上，关于谷娘有很多有趣的故事，德昂族人祭祀谷娘就是认为她能主宰谷物丰收，表达了他们对粮食生产的重视。

德昂族的宗教信仰大多和树有关

祭鬼树

在村寨的四面各有一道“鬼门”，“鬼门”附近的一棵大树被称为鬼树，群众在泼水节后的第三天，便祭鬼树。祭鬼树通常在夜里五更时分举行。届时，由二十三名成年人把一块画有龙、虎等凶恶猛兽的木板，送到鬼树旁，一边敲锣高声念经，并供上一点饭菜，然后送的人悄然离去，返回家中。送时高声喧哗是让鬼听到后退出鬼门，悄悄回家是不让鬼察觉，而跟随回家。平时人患病后，请佛爷念经驱鬼，并到鬼树下烧纸叩拜。

祭龙王

目的是祈求龙王保佑，不发生天旱，保证风调雨顺，有水吃。一般在三月份，由佛爷择日举行。祭时，全村老少前往清水池边，佛爷点燃香烛，边念经，边把一张画有龙的纸漂放在水面，群众随

之叩拜。然后杀猪杀鸡祭祀，大家在一起饮酒。

祭地鬼

土地是农作物赖以生长的重要条件，为了使庄稼获得丰收，德昂族在每年播种包谷结束后，便进行祭地鬼的仪式。由全寨凑钱，买猪一口、鸡一只，每户准备一箩碎石。祭时，在地边栽一根木桩，把碎石倒于桩旁，在地边杀牲设祭。

德昂族有祭天的习俗

祭天

由各家各户自祭，在 7 月份进行时，各家成员到自己的地里，拿着一只鸡、一壶酒，鸡头朝天，杀时让鸡血向天喷，然后把鸡向上抛去，并洒酒一盅，然后拣鸡回家烹食。

祭蛇神

德昂族在村寨周围选一较大树为蛇树，并在四周砌上围墙，不让人接近。每年群众要进行一次素祭，不吃荤。参加者要身净衣洁，各自带点粉条、豆腐、青菜之类，还带牛“笼头”一付，长刀一把挂在蛇树上。祭时，佛爷对蛇树念经，群众跪拜，祈求耕畜兴旺。

祭山神

基本上每年一次，日期不定。如寨

德昂族竹楼

上有流行疾病就祭，否则不祭。

祭房神

德昂族新楼建成当晚，要请年长的家长先进入新楼，将新火塘点燃，煮好茶水。其他家庭成员则身背铁锅、水桶等各种炊具进入新楼，煮晚饭吃，饭后仍离开新竹楼，临走前，由老人祈祷房神保佑全家平安。次日，全家才能将财产和用具搬入新竹楼，晚上，全村亲友邻居前来载歌载舞庆贺。祭房神的目的是祈求鬼神保佑。

八　令人尊敬的民族名人

塔岗瓦

生卒年不详，云南潞西人。19 世纪初德宏地区德昂族、傣族起义的领袖。

从 14 世纪中期开始，新兴的芒市傣族土司逐渐控制了今德宏州潞西、盈江一带的德昂族地区。到了清嘉庆年间，傣族土司采取极端蛮横的手段强占了德昂人的许多田地。这种歧视性对待激怒了向来崇尚民族平等的德昂族人民。清嘉庆十九年(1814 年)，塔岗瓦振臂一呼，德昂人应者云集，组成了一支场势浩大的起义武装。他们提出了“官家不公平，杀死官家解不平”的口号，声称“不把土司杀得七零八落决不收兵”。义军的这一

德昂族村寨

德昂族民居

主张得到了广大傣族群众的强烈支持。不久，塔岗瓦就指挥义军攻破了芒市土司衙门。土司狼狈不堪地逃往永昌府向清军求援。起义军乘胜追击，一举击溃了负隅顽抗的土司武装。紧接着，他们又挫败了梁河傣族土司和西山景颇山官武装的多次进攻，从而牢牢控制住了芒市坝区。但塔岗瓦和德昂族人民一直对清朝地方政权抱有幻想。他们希望清朝官吏能出面主持公道，严惩傣族土司。这种心理既成为他们扩大战果的绊脚石，又为傣族土司的反扑提供了机会。时间不长，各地傣族土司武装，景颇山官武装和汉族地主武装就联手向义军发动了猛烈的围攻。塔岗瓦带领义军将士进行了顽强的抵抗。由于力量悬殊太大，义军蒙受了巨大的损失，半年多后，这一场正义的民族起义烈火最终被扑灭。

干总

生卒年不详，云南陇川人。民国初年陇川章风区德昂族首领。英国政府自19

德昂族女子

世纪中叶以来就对中国的云南抱有不可告人的企图。1876年，英国人通过《烟台条约》打开了中国的西南大门。1885年，英国人进而吞并缅甸，开始大量蚕食中国的领土。英国人的无耻掠夺行径引发了边疆各族的强烈不满和抗争。民国六年（1917年），英国人趁民国新立、社会动荡不安的机会长驱直入陇川腹地，在章凤的曼缅山建立了自己的营地。陇川土司对这种行径进行了谴责。但英国人却蛮不讲理地声称：不管中国政府同意与否，他们都要建立营地。腾冲地方政府迅速征调了600人的地方武装前往陇川。然后又授意章凤的德昂

德昂族民居

德昂族山寨风光

族首领千总出面驱赶英军。他调集了德昂族60岁以下的成年男子五百多人，武装包围了英军营地。他带领手下的大小头目四十多人前去和英军谈判，义正词严地向英国人宣布："这是中国人的土地，你们没有资格占有！如果再执迷不悟，我们就要用长刀讲话！"英军眼见德昂族群众怒火万丈，唯恐自己势单力薄、不是中国人的对手。在万般无奈之下，他们只好灰溜溜地撤回了缅甸。直到今天，在当地还保留着当年抗英驱英斗争中缴获的一面英国国旗。这是德昂族人民保卫祖国领土完整不受侵犯的爱国行为的见证。